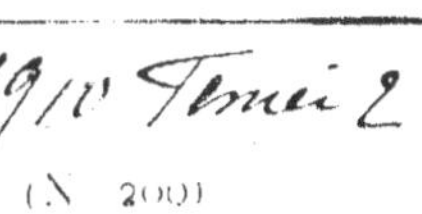

Vente du Mercredi 2 Février 1910

HOTEL DROUOT — SALLE N° 10

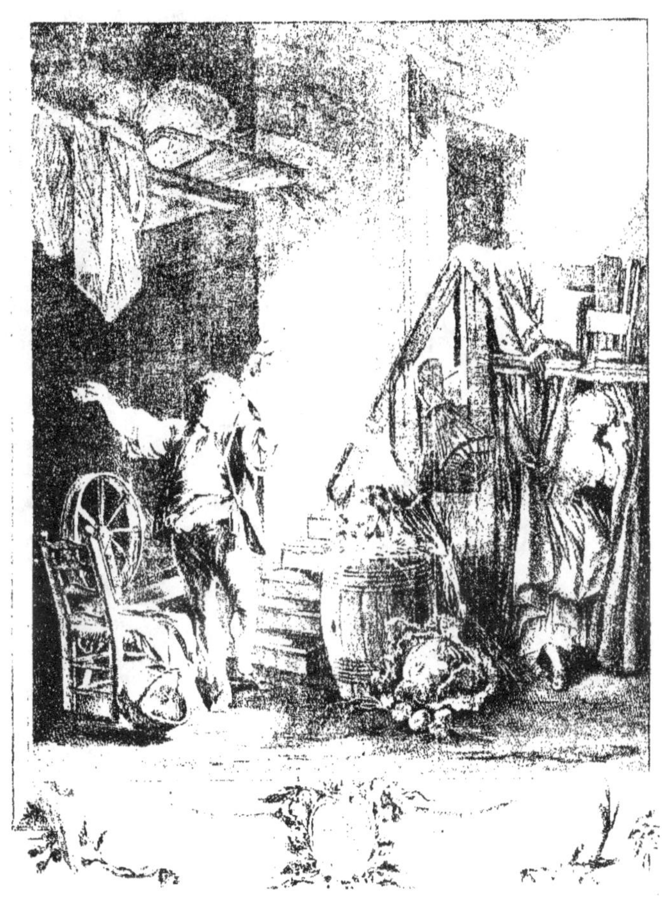

ESTAMPES DU XVIIIe SIÈCLE

DESSINS ANCIENS & MODERNES

Me ANDRÉ DESVOUGES — M. LOYS DELTEIL

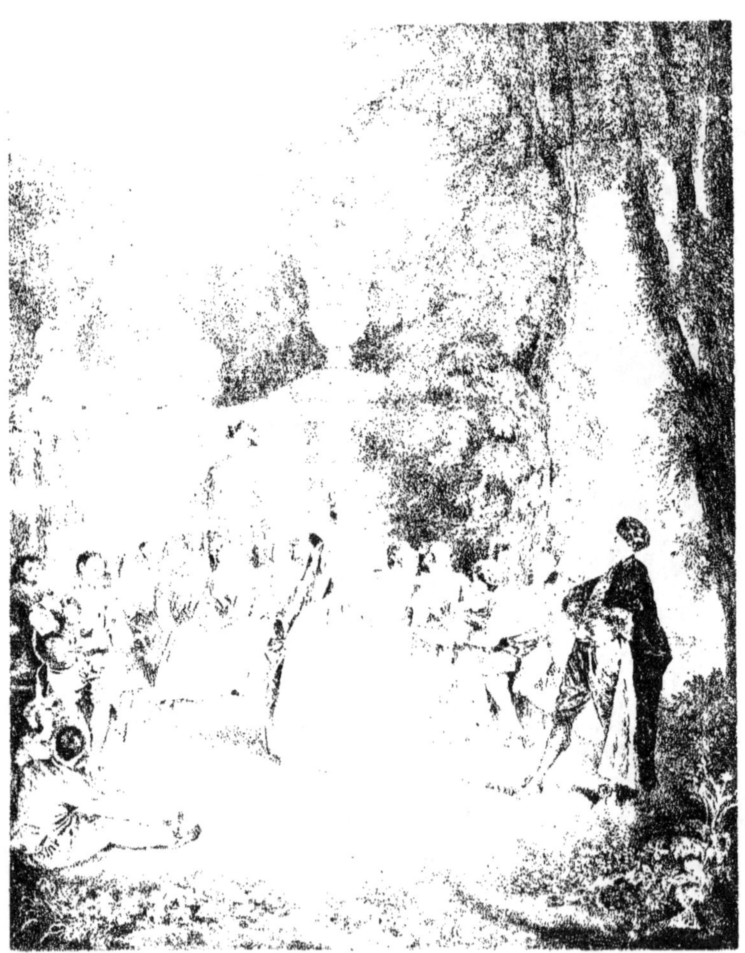

Imprimerie Frazier-Soye
153-157, rue Montmartre
Paris

CATALOGUE

DES

ESTAMPES

DU

XVIIIe SIÈCLE

ET DES

DESSINS

ANCIENS & MODERNES

Dont la vente aura lieu

à Paris, HOTEL DROUOT, Salle N° 10

Le Mercredi 2 Février 1910

à 2 heures précises

Par le Ministère de Me ANDRÉ DESVOUGES,

COMMISSAIRE-PRISEUR

Successeur de Me MAURICE DELESTRE

26, Rue de la Grange-Batelière

Assisté de M. LOYS DELTEIL, Artiste-Graveur, Expert

2, Rue des Beaux-Arts

CONDITIONS DE LA VENTE

Elle sera faite au comptant.

Les adjudicataires paieront *dix pour cent* en sus des enchères.

M. Loys Delteil remplira les commissions que voudront bien lui confier les amateurs ne pouvant y assister.

MM. les amateurs pourront visiter la collection, 2, *rue des Beaux-Arts*, du Mercredi 26 au Lundi 31 Janvier 1910, de 2 heures à 5 heures, *(le Dimanche excepté)*.

Pour paraître prochainement, à la librairie

DORBON AINÉ

53ter, Quai des Grands-Augustins, Paris

LE MANUEL

DE

L'AMATEUR D'ESTAMPES

DU XVIIIe SIÈCLE

par

LOYS DELTEIL

1 volume grand in-8°, d'environ 450 pages et orné de 140 reproductions des estampes les plus belles et les plus rares du XVIIIe siècle.

Ce MANUEL contiendra une histoire de l'estampe, de 1701 à 1800, des renseignements techniques sur les différents modes de gravure, la nomenclature ou la description d'environ 2,500 gravures, la citation de 1,200 artistes, peintres et graveurs, et près de 4,000 prix d'adjudication des ventes les plus célèbres. Enfin une triple table des estampes et des noms des artistes cités, ainsi que des ouvrages relatifs à la gravure, permettra au lecteur de trouver avec facilité le renseignement qu'il cherche.

Le prix de souscription au

MANUEL DE L'AMATEUR D'ESTAMPES

DU XVIIIe SIÈCLE

est de **15** fr. broché, **17** fr. avec cartonnage spécial.

On peut s'inscrire également pour le MANUEL, chez l'auteur, 2, *rue des Beaux-Arts.*

DÉSIGNATION

Ire PARTIE

ESTAMPES

BALLONS (Estampe relative aux)

1. *Copia de la 3e Maquina aerostatica construida por el Capitan Dn Vicente Lunardi....* par J. Jones. Très belle épreuve.

BARTOLOZZI (d'après F.)

2. Joueuse de guitare, par V.-M. Picot, 1776. Très belle épreuve *tirée en sanguine*.

BAUDOUIN (d'après P.-A.)

3. Le Couché de la Mariée, par Moreau le jeune et Simonet (16). Très belle épreuve (sans marge sur 3 côtés, doublée).

4. Le Fruit de l'Amour secret, par Voyez l'aîné (23). Très belle épreuve.

5. Rose et Colas, par Simonet (42). Très belle épreuve, *avec le cartel en blanc* (petite épidermure).

6. La Sentinelle en défaut, par N. De Launay (44). Très belle épreuve.

BAUDOUIN — DE TROY

7. Les Amants surpris, par Choffard, épr. rognée. — Péché de David, par L. Cars. Deux pièces.

BEAUVARLET (J.-F.)

8. Molière, d'apr. S. Bourdon. Très belle épreuve, *avant que la dédicace* n'ait été remplacée par des vers.

BOILLY (d'après L.)

9. La Douce Impression de l'harmonie. — Suite de la Douce Impression de l'harmonie. Deux pièces par F.-J. Wolff, se faisant pendants. Belles épreuves (sans marges). Encadrées.

BONNET (L.-M.)

10. Le Repos de Cérès. Très belle épreuve, *imp. en couleurs*.

11. L'Amour prie Vénus de lui rendre les Armes. — L'Enfant au chien. Deux pièces. Belles épreuves, *tirées en sanguine*.

12. La Marchande de Chansons — Tête de servante Moscovite, d'apr. Le Prince — Tête de jeune Femme — Femme et enfant, d'apr. Boucher. Quatre pièces. Belles épreuves tirées en *sanguine*. une en 2 tons.

BOUCHARDON (d'après E.)

13. Triomphe d'Amphitrite — Triomphe de Bacchus. Deux pièces par Caylus et Fessard, se faisant pendants. Très belles épreuves.

14. *Etudes Prises dans le bas Peuple où les Cris de Paris*, série complète de 50 pl., par Caylus et Fessard. Très belles épreuves (courtes de marges).

BOUCHER (d'après F.)

15. Les Eléments, par J. Daullé (E. D. 148-151). Suite complète de 4 pl. Très belles épreuves.

16. Les Grâces au Bain, par W. Ryland. Très belle épreuve.

17. La Marchande d'œufs — La Vendangeuse — La Souffleuse de savon — La Marchande d'oiseaux (E. D. 98-101), Suite de 4 pl., par J. Daullé. Très belles épreuves.

18. Vénus se préparant pour le Jugement de Pâris, par de Lorraine. Belle épreuve.

19. Vénus entrant au bain — Le Repos de la Volupté — Etude. Trois pièces par J.-B. Michel et Et. Fessard. Belles épreuves.

20. *Des Radix* (sic) *des Raves* — Paysage — Seconde vue de Beauvais — 1re vue de Charenton. Quatre pièces par Ravenet, Basan et Le Bas (la dernière manque de conservation).

CHALLE (d'après M. A.)

21. *Chu-u-u*, par De Gouy. Petite pièce de forme ovale. Très belle épreuve *tirée en bistre*. Encadrée.

CHARDIN (d'après)

22. Le Peintre, par Surugue (42). Très belle épreuve (petite épidermure).

CHEVILLET (J.) — INGOUF (F. R.)

23. Mlle sa Sœur, d'après Heilmann (sans marge). — J.-J. Flipart, 1772. Deux pièces, la seconde très belle.

CIPRIANI (d'après J. B.)

24. Cléopâtre, par J.-K. Shervin, 1776. Très belle épreuve, *avant la lettre, imp. en couleurs.*

COLIBERT (N.)

25. La Patrie secourue — L'Espoir de la Patrie satisfaite, deux pièces se faisant pendants, *tirées en bistre.*

COIFFURES

26. Coiffures, 8 pièces, deux par Janinet, tirées en plusieurs tons.

COYPEL et EISEN (d'après)

27. L'Air grave..., par le Cte de Caylus — Le Bouquet, par R. Daudet, deux pièces. Belles épreuves (la 2e de tirage postérieur).

DEMARTEAU (G.)

28. Comme il va rire !..., d'après Le Barbier. Très belle épreuve *imp. en couleurs* (petit grattage dans la légende).

29. Femme nue et Amour, d'apr. F. Boucher (21). Très belle épreuve *tirée en sanguine.*

30. Pastorale, d'apr. Boucher (61). Très belle épreuve *tirée en sanguine.*

31. Les trois Bacchantes, d'apr. F. Boucher. Très belle épreuve, *tirée en sanguine* (sans marge).

32. Tête de Femme — Tête de Garçon (114-115). Deux pièces, d'apr. Boucher. Belles épreuves *tirées en sanguine.*

33. Tête de jeune Garçon, d'apr. Boucher (115). Très belle épreuve, *tirée en sanguine.*

34. Jeune Mère et deux Enfants, d'apr. F. Boucher (118). Superbe épreuve, *tirée en sanguine.*

35. Une Prêtresse, d'apr. Boucher (157). Belle épreuve, *tirée en sanguine* (marges restaurées).

36. Bergère, d'apr. Boucher (163). Belle épreuve, *tirée en sanguine.*

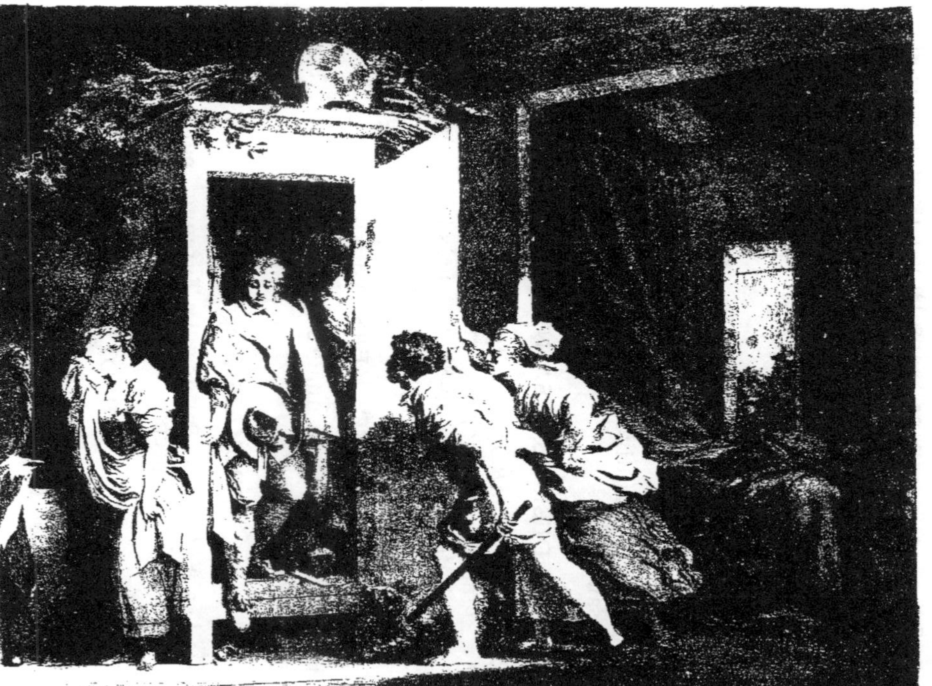

N° 50 du Catalogue.

37. Le Chasseur, d'apr. Huet (473). Epreuve aux trois crayons (sans marge). Encadrée.

38. Tête à trois crayons, d'apr. Doyen (572). Très belle épreuve.

39. Tête de Femme, d'apr. Vincent. Belle épreuve, *tirée en 3 tons.*

40. Animaux, d'apr. J.-B. Huet. Trois pièces, *tirées en sanguine.*

DEMARTEAU, VANGELESTY, DURUISSEAU, JANINET

41. Têtes, Sujets divers et Oiseaux 13 Pl. tirées en sanguine.

DESRAIS et SAINT-SAUVEUR

42. *Les Fastes du Peuple français*, frontispice (avec l'image de Bonaparte) et 15 pl. (y compris 1 pl. en 2 états), en 1 alb. in-8, cart. Très belles épreuves, *imp. en couleurs* (sauf une).

DESROCHERS (Edme)

43. Portraits de Personnages célèbres, 50 pièces. Très belles épreuves.

DROUAIS (d'apr. F. H.)

44. Les Enfants du prince de Turenne, par Melini. Très belle épreuve.

DROYER

45. L'Agréable Société — Le Bosquet dangereux. Deux pièces se faisant pendants. Très belles épreuves.

DUTAILLY (d'après)

46. Paul et Virginie, 2 médaillons sur la même pl., par Guyot. Belle épreuve, *imp. en couleurs.*

ÉCOLES FRANÇAISE & ANGLAISE (XVIIIe siècle)

47. Pastorales. Deux petites pièces de forme ovale, signées du monogramme I. F. Très belles épreuves *avant la lettre, imp. en bistre*, toute marge.

48. Antiope réveillée par l'Amour, par Le Vasseur, d'apr. Mettay (27) — Le Cuvier, par Seinvork, d'apr. Le Mesle — Le Repas de campagne, par Desplaces, d'apr. A. Watteau. Trois pièces. Belles épreuves.

49. Lot et ses Filles — Sujet allégorique — La Fontaine des Grâces — Bacha faisant peindre sa Maîtresse. Quatre pièces par Lempereur, Huquier, Lépicié, etc., d'apr. De Troy, Bouchardon, Coypel et Vanloo. Belles épreuves.

50. Sujets divers et Paysages, 9 pièces par ou d'après Le Prince, Saint-Non, Hubert, Robert, Ridinger, Rowlandson, etc., la plupart en belles épreuves.

51. Portraits pour l'*Affaire du Collier*, 5 pl. — Les Désirs, par Voysard — Récréation de table, par Moitte (tirage postérieur). Ensemble 7 pièces.

52. Sujets divers et Paysages, 17 pièces coloriées.

53. Sujets divers et Paysages, 25 pièces, plusieurs *imp. en couleurs* et *coloriées*.

EISEN (d'après Ch.)

54. Le Bal champêtre, par De Longueil. Belle épreuve.

55. Les Saisons, par De Longueil. Suite complète de 4 pl. Très belles épreuves, une *avant la lettre*, une seconde a le titre gratté.

56. Les Plaisirs champêtres — Le Concert champêtre. Deux pièces par De Longueil, se faisant pendants. Très belles épreuves.

EX-LIBRIS

57. De Billy — Odile, 2 variantes — Lambert, par Chedel — A. N. J. V. D. A. L. (XVIIe s., rare) — Bethune — N. J. de Paris, par Vallet — N. Taverne — B. Goy — L. E. Midy, etc. Vingt-deux pièces. *Ce n° pourra être divisé.*

FICQUET (Etienne)

58. Corneille (P.) — Crébillon — Descartes — Mme de Maintenon — Montaigne — Regnard — Vadé. Sept pièces. Belles épreuves.

FRAGONARD (H.)

59. L'Armoire (2). Très belle épreuve, sans marge.

60. L'Amour en sentinelle, par Miger (de la C. 36). Très belle épreuve d'un 2e état, *non décrit*, le sujet ramené *à la forme carrée.*

GAUTIER-DAGOTY

61. Duc de Richelieu — De Maupeou. Deux pièces, *imp. en couleurs* (manquent de conservation).

GAUTIER-DAGOTY — COCHIN

62. Henri IV, d'apr. Rubens — Belles, n'écoutez rien, d'après Watteau. Deux pièces. Belles épreuves.

GRAVELOT (d'après H.)

63. Frontispices des Tomes II et III et vignettes pour le *Decameron* (édition de 1757), 25 pl., dont dix-neuf avant la lettre. Belles épreuves.

GREEN (V.)

64. Miss Cabbin, d'apr. G. Willison. Très belle épreuve (filet de marge).

GREUZE (d'après J. B.)

65. Jeune Fille pleurant son oiseau mort, par Flipart. Belle épreuve.

66. Le Père de Famille, par Martenasie. Très belle épreuve.

HAMILTON, CIPRIANI, etc. (d'après)

67. Scènes de l'Histoire d'Angleterre. Suite complète de 6 pl., par Romain Girard. Belles épreuves, *imp. en couleurs.*

HELLMANN (d'après)

68. Mlle sa Sœur, par Chevillet. Très belle épreuve (mouillures).

HUET (d'après J.-B.)

69. Le Goûter champêtre, par Jubier. Très belle épreuve, imp. en couleurs, légers rehauts (filets de marge).

HUET (d'après C.)

70. Singeries, 12 planches par J. Guélard (une d'apr. D. Téniers), la plupart en belles épreuves.

JANINET (J.-F.)

71. La Noce de village — Le Repas des Moissonneurs. Deux pièces d'apr. Wille fils, se faisant pendants. Très belles épreuves, *imp. en couleurs* et *rehaussées,* de la collection V. Sardou. (Sans marges, doublées).

72. Vues de Paris, 10 petites pl. de forme ronde. Belles épreuves, *imp. en couleurs* (une sans marges, n° gratté à plusieurs pl.).

JANINET (J.-F.) ?

73. Coiffures. Deux petites pièces de forme ovale. Très belles épreuves *avant toute lettre, imp. en couleurs.*

JANINET, COUTELLIER, CHAPUY

74. Michu, rôle de Blaise — Carlin Bertinazzi — Mme Bellecourt, rôle de Nicole. Trois pièces. Très belles épreuves, *imp. en couleurs* (une sans marge).

LANCRET (d'après N.)

75. Le Jeu de Colin-Maillard, par C.-N. Cochin (42). Epreuve manquant de conservation.

76. Le Jeu de cache-cache mitoulas — Le Jeu des quatre coins (41 et 44). Deux pièces, par N. de Larmessin, se faisant pendants. Très belles épreuves, *avant* l'adresse de Gaillard.

77. Repas italien, par Le Bas (70). Bonne épreuve. Encadrée.

78. Le Philosophe marié, par C. Dupuis (61). Très belle épreuve.

79. La même estampe. Très belle épreuve.

LANTARA (d'après)

79 *bis*. Paysages et Vues de Paris et des Environs, frontispice (manque de conservation) et 55 pl. en 1 alb. in-8 obl. (en partie en belles épreuves).

LAVREINCE (d'après N.)

80. Le Concert agréable — Le Mercure de France (13 et 38). Deux pièces par C. N. Varin et Guttenberg, se faisant pendants. Belles épreuves, *avant la lettre*. (Restauration dans le ciel, à une planche).

81. La Marchande à la toilette, par G. Vidal (37). Superbe épreuve à toutes marges.

82. L'Entretien de l'absence, copie de la Soubrette confidente de Vidal, par I. A. Stanglin. Belle épreuve.

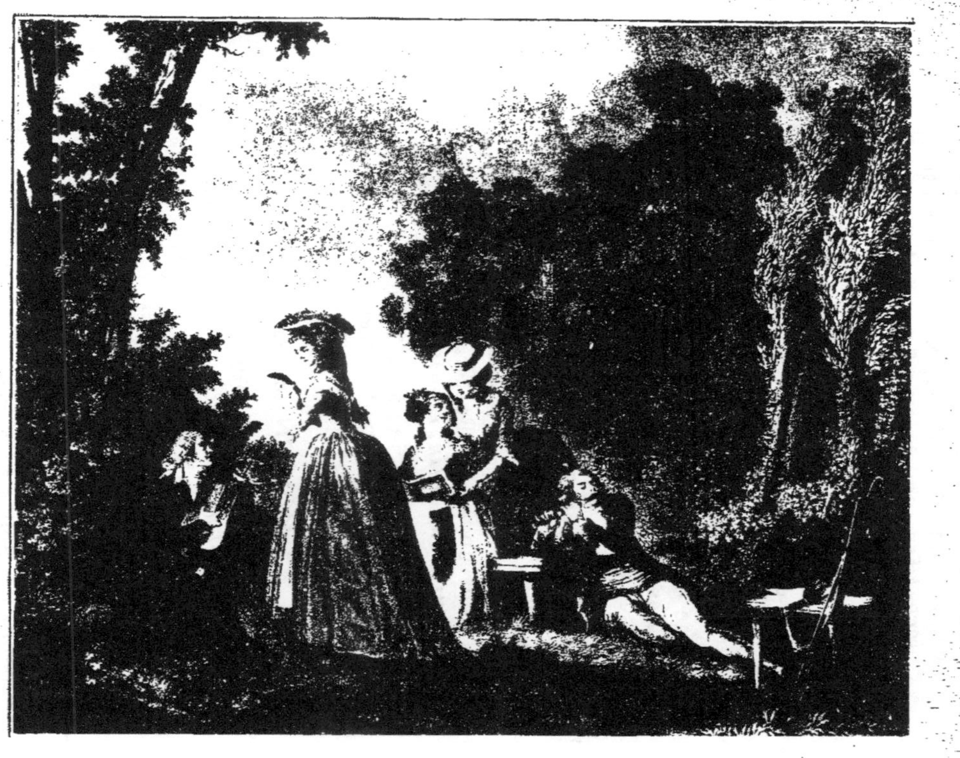

N° 80 du Catalogue.

LE BRUN — LELU

83. L'Intrigue découverte, par E. Voysard — Le Ménage champêtre (P. de B. 41 — 4e état). Deux pièces. Très belles épreuves.

LE CLERC (d'après)

84. Jeune Femme en buste, par Bonnet 1774. Très belle épreuve, *tirée en plusieurs tons.*

LE PAON (d'après L.)

85. Revue de la Maison du Roi, au Trou d'Enfer, par Le Bas. Epreuve à l'*état d'eau-forte* (déchirures dans le ciel).

LOUIS XVI & MARIE-ANTOINETTE (Est. relative à)

86. Louis XVI et Marie-Antoinette dans deux médaillons fixés à une guirlande de fleurs avec rubans formant un cœur. Fort rare épreuve, *imp. en couleurs, sur satin, rehauts d'or.*

86 *bis.* Mrie Ate Archiduchesse d'Autriche.... Reine de France. In-4°. Très belle épreuve, *tirée en bistre et sanguine*, toute marge.

MONGIN (d'après)

87. *Finis Pierrot! si l'on nous voyait!... — Ah ah! je vous y prends.* Deux pièces, par Beljambe, se faisant pendants. Très belles épreuves, *tirées en bistre* (l'adresse grattée à la 1re pl.).

MONNET (d'après C.)

88. Les Baigneuses surprises — Salmacis et Hermaphrodite. Deux pièces, par G. Vidal, se faisant pendants. Belles épreuves.

89. Jupiter et Io — Jupiter et Antiope. Deux pièces, par G. Vidal, se faisant pendants. Belles épreuves.

MOREAU le jeune (d'après J.-M.)

90. La Rencontre au Bois de Boulogne, par Guttenberg. Très belle épreuve, *avec les lettres A. P. D. R.*

91. La Dame du Palais de la Reine, par Martini. Belle épreuve, *avec les lettres A. P. D. R.*

92. La Rencontre au bois de Boulogne, par H. Guttenberg. Bonne épreuve,

93. La Course de chevaux, par H. Guttenberg. Belle épreuve.

94. J'en accepte l'heureux Présage, par Trière. Belle épreuve.

95. Melpomène présente à Marie-Antoinette les œuvres de Metastase, par J.-J. Le Veau (J. H. 171). Très belle épreuve, *avant la lettre.*

NAPOLÉON Ier (Est. relative à)

96. *N. Bonaparte Ier Consul*, par Mercoli fils, d'apr. Baclerc d'Albe. Ovale in-fol. Très belle épreuve. Rare.

NATOIRE (Ch.) — COYPEL (N. N.)

97. Diane et Actéon — Le Bain de Diane — L'Alliance de Bacchus et de Vénus — Amphitrite — Etude. Cinq pièces par Desplaces, Le Bas, Fessard, Duverbrec. Belles épreuves.

NÉE (D. F.)

98. Trianon, Temple de l'Amour. Très belle épreuve *avant toute lettre*, toute marge.

ORNEMENTS

98 *bis*. Bertren (P. J.). IIe Cahier d'Ovales et de Médaillons pour les Bijoux et Voitures, 8 pl., en cahier. Très belles épreuves. Rares.

98 *ter*. Bertren (P. J.). Motifs d'attributs, 6 pl. rares.

99. BÖCKLERN (G. A.) *Architectura curiosa nova*... Nuremberg, P. Furst (1664) — 1 vol. petit in-fol., cart. anc., contenant 231 pl. (un certain nombre manquant de conservation).

100. BOUCHARDON, BOUCHER, CHOPARD, WATTEAU, etc. Carrosserie, cadres, fleurs, sujets de chinois, etc., 26 pl.

101. CAUVET. Vases, 16 pl., appartenant à diverses séries.

102. CUVILLIÉS (F. de). Lambris, 6 pl. Belles épreuves (une sans marge).

103. DENEUFFORGE, DE LA FOSSE, LA LONDE, FORTY. Candélabres, sièges, pendules, trophées, vases, etc., 21 pl.

104. DUPLESSIS FILS. Vases composés, 13 pl. appartenant à diverses suites, la plupart en belles épreuves.

105. ÉCOLE ALLEMANDE (XVIIIe siècle). Ornements, sujets dans des motifs d'ornements, 124 pl. de Baumgartner, Stockman, Schilling, Sigrist, etc. Belles épreuves montées en 1 vol. in-fol., cart.

106. GERMAIN (Pierre). Eléments d'orfèvrerie, 9 pl., la plupart en belles épreuves.

107. GÖZ (G. B.). Fontaines, 6 pl. (d'une suite de 8). Belles épreuves.

108. HABERMAN (F. X.). Seize motifs de cartouches, 4 pl. en cahier. Très belles épreuves.

109. HABERMAN, BILLER, BAUER, etc. Ornements divers, en majorité de l'école allemande, 33 pl.

110. LA FOSSE (J. C. de). Attributs, 13 pl. Belles épreuves.

111. LA RUE, LORRAIN, JACQUE, FOSSIER, GUYOT. Orfèvrerie, arabesques, vases, 31 pl.

112. MEISSONNIER, PEYROTTE, OPPENORD, MONDON, LUCOTTE. Orfèvrerie, joaillerie, cartouches, fontaines, 25 pièces.

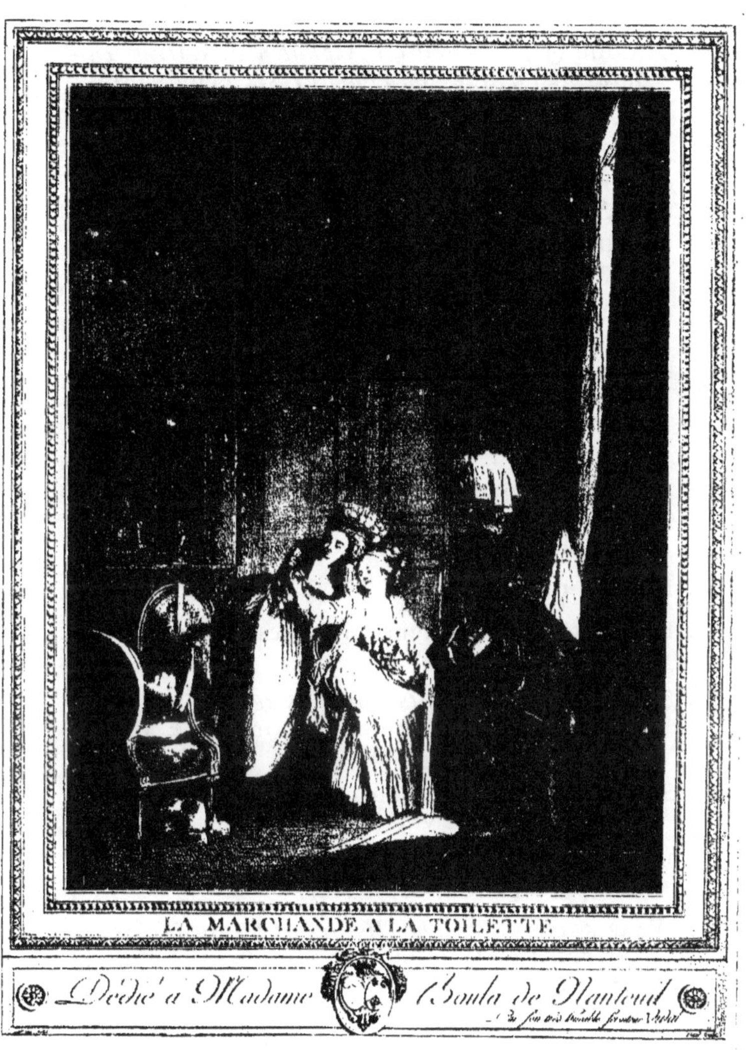

N° 81 du Catalogue.

113. Midolle (J.). *Recueil ou Alphabet de lettres Initiales historiques avec bordures...* Gand, 1846 — 1 vol. in-fol. cart.

114. Mondon fils. L'Heureux moment — Composition ornementale. Deux pièces par A. Aveline. Très belles épreuves.

115. Percier et Fontaine, Willemin, Normand. Orfèvrerie, décoration, ornements divers, 65 pl.

116. Pillement. *Suite de douze Bouquets de Fleurs*, frontispice et suite complète (salies).

117. Parasols et figures chinois, 22 pl.

118. Poilly (chez N. J. B.). Carrosses, 4 pl., in-fol. Très belles épreuves.

119. Prieur, Sallembier, Vinsac. etc. Ornements divers des XVIIe, XVIIIe siècles et Empire, 43 pl. (4 rel. en fascicule).

120. Ranson. Fleurs et Vases, Trophées, 7 planches.

121. Riester (M.). Ornements tirés des quatre écoles. 95 pl. en 1 vol. in-4° cart.

122. Saint-Aubin. *Différents bouquets de Fleurs d'après Nature*, 6 pl. en cahier (y compris 2 titres). Rare.

123. Sallembier. Principes d'ornemens, 9 cah. de 4 pl., soit 36 pièces en 1 vol. in-fol. obl. cart.

124. Vico (Eneas). Trophées d'armes. Suite complète de 16 pl. Très belles épreuves.

125. Warrington (W^m^). *The History of Stained Glass... illustrated by Coloured exemples...* — London, 1848 — 1 vol. in-fol. cart. (piqûres).

PIERRE (d'après J. B. M.)

126. L'Enlèvement d'Europe, par L. Lempereur. Belle épreuve.

127. Marché aux légumes — Marché au poisson. Deux pièces par Pelletier, se faisant pendants. Très belles épreuves.

SAINT-AUBIN (d'après A. de)

128. Le Concert, par Duclos. Très belle épreuve *rognée* et *doublée*.

SAINT-QUENTIN (d'après)

129. Vénus endormie — Diane endormie. Deux pièces par Littret, se faisant pendants. Belles épreuves.

SERGENT-MARCEAU (A. F.)

130. Les Gardes Françaises repoussent un détachement de Royal Allemand... Epreuve *tirée en couleurs* (cassures). Encadrée.

VAN LOO (d'après Carle)

131. La Confidence, par J. Beauvarlet. Belle épreuve de tirage postérieur.

VAN LOO (d'après L. M.)

132. Potier de Gesvres, en pied (F. J.), par Petit. Belle épreuve.

WATTEAU (d'après Ant.)

133. Antoine de la Roque, par Lépicié (17). Belle épreuve,

134. L'Amour désarmé, par B. Audran (33). Très belle épreuve.

135. Les Fatigues de la guerre — Les Délassements de la guerre (54-55). Deux pièces par Scotin et Crépy, se faisant pendants. Belles épreuves.

136. Escorte d'équipages, par Cars (56). Très belle épreuve.

137. Comédiens Italiens, par Baron (68). Très belle épreuve.

138. Les Agréments de l'Été, par Joullain (100). Très belle épreuve.

139. La Cascade, par G. Scotin (115). Très belle épreuve.

140. Le Conteur de Fleurete (sic) (121). Belle épreuve.

141. Danse paysane, par B. Audran (125). Très belle épreuve.

142. Fêtes vénitiennes, par L. Cars (135). Très belle épreuve.

143. Retour de guinguette, par Chedel (106) — Arabesque, par F. Boucher (540). Deux pièces. Très belles épreuves.

144. Deux feuilles de Paravent (309-313). Deux pièces, par L. Crépy. Belles épreuves.

WATTEAU, LE PRINCE, S[t] NON

145. Figures — La Cascade — Sîtes d'Italie. 10 pièces. Belles épreuves.

WILLE (J. G.)

146. Les Musiciens ambulants, d'après Dietrich (52). Très belle épreuve.

147. La Tricoteuse hollandaise — La Cuisinière hollandaise (64 et 67). Deux pièces, d'apr. Miéris et Metzu. Très belles épreuves.

DEUXIÈME PARTIE

DESSINS

ANONYME (XVIIe siècle)

148. Les Invalides. A la plume, lavé de sépia, sur vélin.

ANONYME (fin du XVIIIe siècle)

149. Deus Chariot (sic) destinés pour l'armée du Rhin sont arrêtés à Saussure... *pour le manque de chevaux, seize braves sans-culottes... se présentent pour y suppléer.* A la plume, légers rehauts d'aquarelle. Encadré.

150. Vénus et l'Amour. Pastel.

ANONYME (XIXe siècle)

151. Vue de St Malo en 1814. Aquarelle.

BERTRAND (Simon)

152. Bords de Ruisseau (Lamalou). Aquarelle. *Signée.*

153. Pont d'Auris (Dauphiné). Aquarelle. *Signée.*

154. Route de la Grave au Lautaret. Aquarelle. *Signée*

155. Pont de la Goule noire. Aquarelle. *Signée.*

CABANEL (Alex.)

156. Tête d'apôtre. Au crayon noir. Signé.

COLIN (A.)

157. Scène de marché, 1824. Sépia. Signée.

COURTOIS (J.). — SAFTLEVEN (C.)

158. Bataille — Cabanes au bord de l'eau, signé. Deux dessins, le 1er de la coll. Van Parys.

CUYP (d'après A.)

159. Paysages ornés de figures. Deux dessins, plume et lavis. Encadrés.

DESSINS JAPONAIS

160. Figures, Paysages, Animaux. Dix-neuf dessins, plusieurs rehaussés.

DE TROY (d'après)

161. La Peste de Marseille. Plume et encre de chine. Encadré.

DIVERS

162. Chevaux en prairie, par Langendyk, signé et daté : 1782 — Le Jugement de Pâris, sanguine, d'après Carrache — Projet de Mausolée, par Boichot — Portrait de Femme (Restauration). Quatre dessins.

163. Jeune Femme assise, contre-épreuve de J.-B. Huet — Sujets divers. Neuf dessins. On y a joint 3 fac-simile.

164. Sujets divers et Paysages, 18 dessins anciens et modernes.

ÉCOLES ANCIENNES

165. Mars, 1698 — Didon — Sainte Famille (attr. à Van Loo) — Saint Georges, d'après Alb. Durer. Quatre dessins.

166. Etude de Cavalier — Personnage étendu — Paysage — Dessus de porte (XVIIIe siècle). Cinq dessins.

167. Sujets divers. Cinq dessins, attr., à Sadeler, La Hyre, Slodtz, etc.

ÉCOLE FRANÇAISE (XVIIIe siècle)

168. Le petit Pont, à la pierre d'Italie — La Chasse au Cerf, contre-épreuve de sanguine. Deux pièces.

169. La Cascade — Coin de Jardin — Scène champêtre. Trois dessins, encre de chine, sanguine et crayon noir.

170. Sarcophage, par Vien — La Chaumière, attr. à Le Prince — Etudes de mains — Académie d'Homme. Quatre dessins sanguine, crayon et sépia.

171 Composition pour une vignette, attr. à Cochin (signé et daté sur la monture) — Paysages — Académie de Femme. Quatre dessins.

172. Croquis de figures, Paysages, Animaux. Cinq croquis mines de plomb, sanguine et sépia, attr. à A. de Saint-Aubin et autres.

173. Sujets divers, Figures. Sept dessins ou croquis, par J.-P. Le Bas et autres.

174. Etudes de Fleurs, attr. à Pillement — Etudes de Figures. Huit dessins.

FARINATI (Paolo)

175. L'Adoration des Mages. A la plume. Coll. Bergeret.

FEUCHÈRE (Jean)

176. Tentation de Saint Antoine. Crayon noir. Signé et daté : 1842.

GREUZE (J.-B.)

177. Fragment de l'Apothéose d'Homère. Plume et lavis. Coll. Rouzé.

GUERCHIN

178. Un Moine — Paysage. Deux dessins à la plume, des collections de Triqueti et Casimir Perier.

GUYS (C.)

179. Au Salon. A l'encre de chine.

JANINET (d'après F.)

180. L'Amour rendant hommage à sa Mère. Copie à l'aquarelle, de l'estampe de Janinet, d'apr. Boucher.

LALANNE (Maxime)

181. Bords de rivière. Fusain signé.

LE BRUN (attribué à Ch.)

182. Esquisses de Portraits. Deux dessins, plume et lavis. Coll. Rouzé.

LE BRUN (Mme Vigée)

183. *Souvenir de son mari entendant le récit de la mort de Foulon, fait le 20 juillet 1789, par L.-E. Le Brun.* Crayon noir, avec rehauts de blanc.

LESPILLIEZ

184. Fontaine monumentale, *dédiée à Son Altesse... Guillaume... de Hesse.* A la plume. Encadré.

MARATTE (Carle)

185. Le Christ, Saint Jérôme, Saint Bernard et Sainte Catherine. A la plume.

MICHAU (Th.)

186. Les Voituriers. A la plume.

MINIATURES

187. Lettres ornées. Neuf miniatures sur vélin.

188. Deux brevets religieux sur vélin.

MINIATURE (xvie siècle) — MONNIER (H.)

189. La Nativité (lettre D) — Une Portière, 1864, à la plume, *signé*.

ORNEMENTS

190. Calice exécuté par Loque, orfèvre, 1776 — Trépieds — Vases — Entablement. Cinq dessins (xviiie siècle).

PICART (Bernard) ?

191. Un Contrat. Important dessin à la plume, lavé d'encre de chine. Encadré.

R. G. 1785

192. Portrait d'Homme à mi-corps. Au crayon noir. De forme ovale. Encadré.

ROBERT (Hubert) ?

193. Monuments antiques. Deux dessins, plume, lavis et sépia.

VAN DONGEN

194. Chanteurs des rues. Crayon avec rehauts. *Signé*.

195. Au Théâtre. Crayon noir avec rehauts. *Signé*.

VÉRONÈSE (d'après Paul)

196. Sujet allégorique. Dessin rehaussé. Encadré.

VILLON (Jacques)

197. La petite Bicycliste. Crayon noir, rehaussé de pastel. Signé.

198. Album contenant 105 croquis, portraits, charges, vues, relatifs à Nantes.

199. Un Album contenant de nombreux dessins relatifs au costume.

200. Un Album de dessins, par Mallet, Leclerc, Cuvillies, Flers, etc., portraits, sujets divers, vues, dans une couverture de l'époque romantique.

IMPRIMERIE
FRAZIER-SOYE
153-157, Rue Montmartre
PARIS

www.ingramcontent.com/pod-product-compliance
Lightning Source LLC
LaVergne TN
LVHW020313230826
846091LV00006B/2653